I0843043